www.ingramcontent.com/pod-product-compliance
Lightning Source LLC
La Vergne TN
LVHW010509160826
845677LV00012B/2740

قطرة غيث

كتاب	:	قطرة غيث
اسم المؤلف	:	زهرة البلوي
نوع العمل	:	ديوان شعر فصحى
عدد الصفحات	:	46صفحة
غلاف	:	هبة إبراهيم
إخراج فني	:	مريم محمد سيد
رقم إيداع	:	2024/7394
ترقيم دولي I.S.B.N	:	978-977-998-884-9

نبض القمة للترجمة

جمهورية مصر العربية _ القاهرة

مدير الدار: أ/ وليد عاطف حسني

موبايل: **01116058384**

الميل: nabdalqima@gmail.com

ديوان فصحى

قطرة غيث

المقدمة

في مخيلتي تبقى صراعات لاتنتهي ..... انتصر عليها تارة .... وتنتصر عليّ تارةً اخرى .... احداث تعصف بقريحتي ... وتبعثر كلماتي .... ثم تعود رياحها حاملةً معها سحاباً مثقلاً بالمطر .....

ثم تبدأ بالهطول .. قطرةً ... قطرة ...

لأنظمها شعراً .... عذباً ....نقياً .... تماماً .. كقطرة غيث.... نزلت للتوّ من السماء

مع خالص ودي / زهرة البلوي

أرض العـــلا

يازائراً ارض العلا اعشقتها
كما يهيم بعشقها وجداني
قمم تباهت بالشموخ وتحتها
ذهباً يضيءُ ....بنوره الفتاني
قسماً بأنك بالمغيب رأيتها
ياقوتةٌ وتُحاط .... بالمرجاني
و ل ليلها ارجوزةٌ.. اسمعتها
السحر ارضي والزمان زماني.
عش ماحييت بأي ارضٍ رمتها
فهنا سترسم للغرام معاني.

اســـتباحــت

حين استباحت للعيون شعاعها
عكست لنا وبضوئها المتباهي
ان السماء بمائها جادت لكم
والارض زيد بحسنها المتناهي
سبحان من صنع الجمال بصورة
رسمت لنا لون الصباح الزاهي
وبه الغصون مع الطيور تراقصت
والكون غنى .. فاستفق يا لاهي
كم كان فيها للعقول شواهدٍ
من ذا الذي في صنعه سيضاهي
فليس شيئ في الوجود كمثله
فاغفر لنا ..جلّ الذنوب إلهي

الأقـــدار

وتشاؤك الأقدار سيلاً عارماً

يجتثني بالأصل دون تمهلي

وأغيب عن ساح الوجود مقاسماً

بين السكون وبين لحظ تأملي

قلباً تراه أفاق طيفاً حالماً

أم مقلتاه بذكر حبك تختلي

عيناي تأبى أن تفارق بلسماً

جادت به الأيام بعد تململي

صدقاً خيالاً قد رسمت عالماً

يأبى قيوداً في سماءٍ معتلي

الاهـــا

وتظل في عزف المشاعر بارعا

متعمداً سلك السبيل الى ها

والقلب يهتف بالمودة ضارعاً

والعقل ردد مالها و دهاها

عاد الحنين لحجر بابك قارعاً

والنبض من بين العروق كفاها

آالقلب قد لبى اليك مسارعاً

ام أن ربك بالسماء حباها

ويضل قلبك للمودة شارعاً

صدقاً فمثلك بالحياة يباها

الحـــنين

في ليلةٍ ضج الحنين بداخلي
وأهاج ذكراهُ نزولاً للمطر
قد كان يوماً يرتمي بسواحلي
حتى جلاه الدهر في لمح البصر
وكم مشيتُ وقد تورم كاحلي
علّي أراه بلمحةٍ بين البشر
فلا أعود عن الجنون بمحملي
ولا أمل ولا يساورني الضجر
والعين باتت من رجاءٍ تبتلي
وتراه مرسوماً على لوح الممر
حتى أزال الصبح غيماً ينجلي
وافاق عقلي من سباتٍ مستمر
سبحان من بعث الغيوم لتمتلي
وسقى رياضاً غيث ماءٍ منهمر

وأعاد قلباً كان دوماً يصطلي

ليرى السعادة في يقين بالقدر

والروح طابت والنوافذ منزلي

وأعيش ليلي في مسامرة القمر

الزمــــان

وإذا الزمان قد إبتلاك بمرهِ

صبراً فليس هناك من يخلو بها

عش كالغريب كعابرٍ مع زادهِ

وخير زادك بالتقى من حالها

أين النبي وأين باقي اهلهِ

وأين أهل الدين أين هداتها

كل ابن آدم سائرٌ لمصيرهِ

وفي الجنان حياته وخلودها

الصـــــباح

ولا امل من الصباح وعشقه
حتى ولو ضاقت علي دروبها
القى السعادة في شروق عينه
فاقت من النوم الطويل بحينها
والنور اعلن مع شروق انه
حان الفلاح وفاق تواً طيرها
بين الغصون مردداً في لحنه
سبحان من وهب الحياة جمالها
فيها غذاء الروح وقت نسيمها
عذباً ترقرق في الصدور عبيرها

عش في الصباح مع اليقين بانه
سر السعادة في حياتك كلها

الطـــيف

ويظل طيفك زائراً لجوانحي
طيراً تقوقع في جناحه وأكتفى
ويبث عشقاً لم يفق كثمالتي
وعيناي باتت في نعاس منتفى
ايطول شوقي أم تزول صبابتي
ويكون طائرك الشقي قد اختفى

القـــــران

يامن سكنت من الاعالي منزلاً
بين النجوم وبين حرف هلالي
والصوت يعلوا بالكتاب مرتلاً
متناغماً مع جودة الاتقاني

المعـــــلم

ياسائراً بالعلم بوركت الخطى

قد فاح ذكرك في الأنام عبيرا

العلم غرسك والعقول حقوله

نهراً جرا في العالمين دهورا

وتوالت الأجيال تحملُ إرثه

ياليت شعري هل تفيه بحورا

رب الخليقة قد حباك بمنزلٍ

الدرب تقطع والسراج منيرا

ياسائراً في ركبهم طوبى لكم

ركب تفرد بالسمو مسيرا

فبكم حصدنا بالعلوم مكانةً

وبكم سنعبر للأمام جسورا

ويبقى لساني ماحييت مردداً

قم للمعلم مامحته عصورا

بلســــما

اترى وصالك كم شفا لي اضلعي
وروى عروقاً من حنانك عندما
اغرت تباشير السعادة ادمعي
والشوق اصبح للمشاعر سُلما
قد قلت يوما يا فتاتي اسمعي
اهوى الهروب الى ضفافك كلما
هماً تثاقل في فؤادي فاشفعي
فالقلب يرجو من وصالك بلسما

تالي الكــتاب

مابين من حفظ الكتاب ومن تلا

ستری نفوساً بالضياء .....تنيرُ

تالله لن تخشى .....زمانك والبلا

كلا ولا هم ....   عليك يغيرُ

عجباً تراه بحضن كفٍ ......قدخلا

وظننت ان خلوها ....سيضيرُ

ماعاب ثوباً ماحواه ....من البلى

او طال مجداً من كساه ... .حريرُ

الفقر ليس بأن تبيت على الطوى

كم مالكٍ للمال ....وهو فقيرُ

تريـــــاق

وبقيت في ذاك المكان لعله
يوماً يعود الى رحابي باكيا
عبثاً أحارب في الزحام لأجله
وكأن بعده لم يكن لي كافيا
لا العقل مني قد افاق لفعله
ولا القلب ينوي عن هواه تجافيا
لو كنت ادري عن مرارة ذله
مازرت نبعاً قد ضننته صافيا
ولكم أتيت الى مضارب رحله
فالوصل ترياق ظننته شافيا

تمــتمات

ويحاً لقلبك كيف يرجو مكتمل

أو تمتماتك دون عشق جافية

أيجف قلبك والهيام قد اكتحل

من نبع روحٍ بالمعاني صافية

قد كان دوماً من متاعبها محل

يرجو ركوداً عن مرامٍ خافية

أعلم فؤادي إن نويت المرتحل

ليلُم أشتاتاً بنهرك طافية

ياحــافظ القــرآن

ياحافظ القران بوركت الخطى
في روضةٍ سيقت من المنانِ
الروح لاتهوى سواه تحلقا
نهرا جرى باقٍ مدى الازمانِ
لو كنت مغترفاً لزدت تعلقا
تتلو الكتاب وما التفت لفانِ
والابن يُلبس والدية تألقا
تاج الوقار وأجمل التيجان
يا مُنزل القرآن أرزقنا التقى
وأجعل ربيع القلب بالقرآنِ

حــــكايتنا

وغداً حكايتنا أبتدت
عاماً سيشهده الأنام
ستروا وفوداً نضمت
خوفاً عليها من السقام
سنة ونصف قد مضت
منعٌ وحجرٌ فيه قام
روح المآذن قد بكت
إلزم رحالك والمنام
حتى مساجدنا خلت
فلم يصلَ مع الإمام
كم من نفوسٍ كفنت
من خوضها وسط الزحام
سنرى جهودا كرست
لنعيش دهرا في سلام

فيها النفوس تباعدت

واستنكرت نزع اللثام

ليت الخليقة قد وعت

أن لا نجاة بلا التزم

خــميلة

ونضمت من بوح القصيد قلادةً

ملكية ....كخميلةٍ الاشعار

فالقاف يغرس في القلوب سعادة

والشوق لحن طاب للسمار

خـــيرُ الشــهور

اقبلت ياخير الشهور مكانةً
وغسلت قلباً من غيابك مبتلا
فيك المآذن قد علت بسمائنا
صدح الاذان ومن منابرها اعتلا
آيات ذكر رتلت بتلاوة
راح المسامع بالكتاب مرتلا
عادت بنا الذكرى لعامٍ ماضيٍ
غاب الإمام و من مساجدها خلا
وبكى المؤذن بالاذان مردداً
الزم رحالك في صلاتك منزلا
والشيخ يأبى ان تكون صلاته
في داره والكل فينا مبتلا
سمعاً وطوعاً للامام ورأيه
فيه النجاة وفي المصاب المقتلا

والكون يعلم ان شعباً واعياً

سبب النجاة وفي الرجاء مؤملا

منّ الاله على الانام بفضله

زال الوباء بإذن ربك واجتلا

دقـــت

وتلاشت .. لذة اوقاتي
وعقارب ساعتها ....وقفت
وتطاير حلم... وشتاتي
اغرق عيناي ..بما دفقت
كم عشت الحلم بنبضاتي
لافوق لاجراس.....دقت

راحلـــــينا

وفاة الشيخ صالح اللحيدان

وتأخذنا بأيام تدور
أما ندري بأنا راحلينا
ونلقى في صحائفنا سطور
وكم فيها شقينا وأبتلينا
فأما من منافذها عبور
وأما في العذاب مخلدينا
ومن فيها ستفنيه الدهور
ومن يدري بأنا قد حيينا
خلت منهم منازلهم ودور
وما دامت لخير المرسلينا
وماعطرٌ تساويه العطور
كعلمٍ قد أنار العالمينا

فليس العلم تمحوه العصور

بقبض الروح أمنا يقينا

رب البرايا

ويبقى ذو الهبات وإن بخلنا
كريماً مسبغاً لك بالعطايا
عفواً غافراً مهما جهلنا
سخياً رازقاً كل البرايا
فياربُ عفوك إن زللنا
فمثلك راحمٌ يمحو الخطايا

رحـــماك

رجوت رباً كلنا نرجوه
اغفر عظيم الذنب قبل لقاك
رباً يجيب لكل من يدعوه
رحماك ربي بحالنا رحماك

سهام الموت

ماعدت أقوى أن أصوغ تعازياً
قد ذاق قلبي ما كفاه من الوجع
كثُرت سهام الموت بين أحبتي
ولكم أعدو للأقارب مضطجع
ساروا على ذات الطريق وليتنا
يومً سمعنا من أتاها قد رجع
الموت يسري في الأنام بخلسةٍ
كم من صديقٍ في منيتهم فجع
سكنوا منازلهم وبين ضلوعنا
ألماً تردد في الصدور كما سجع
أخبر قلوباً قبل حين منامها
الله يعلم من أفاق ومن هجع
أن الحياة قصيرةٌ ياليتهم
يتسامحون فما لعمر مرتجع

صراع الكلمات

كنا إذا ماحل منا موعدا
نروي عروقاً من كؤوس تنسكب
ونخالها دوماٍ تردد في صدى
زدنا هوى من نبع عينً قد نضب
أيعيش قلبي في سحابٍ أرعدا
بين الغيوم وبين ماءٍ منسكب
ويظل طيراً في سماءٍ مجهدا
يخشى وقوعاً في غياهيب وجب
هل كنت إلا في الحياة مجاهدا
أروي نفوساً من وريدٍ مغترب
حتى بقيت من المشاعر اجردا
قلباً يرددها بصوت مرتعب
ابقى بعيداً عن قريبات المدى
سيفوز قلباً عن مراميها حجب

لا أبتغي كرهاً لعذبات الندى

اعتاد قلبي من ضفافه ان يعب

عـبد العـزيز

رُفعت اكفٌ يا إلهي أيقنت
ما خاب عبدٌ للإله شكورا
عبد العزيز بكل شبرٍ خلدت
ذكراه حبراً والعقول سطورا
خيراتُ ربٍ في زمانه أمطرت
من بعد ظلمٍ عاث فيه دهورا
رحماك ربي منه والذكرى أتت
جهلاً تجسد في الأنام شرورا
أنهار خيرً في أراضينا جرت
وسقت نفوساٍ بلسماٍ وطهورا
أمن أمان في ضفافه أزهرت
وثمارها علماٍ يفوح عطورا
وهج الحضارة في سمائه أنورت
قبساٍ طغى في العالمين حضورا

وقفت شموخاٍ في الأمام وأعلنت
قدماً نسير وبالهدى دستورا
صمتاً تفشى في عداك وأسفرت
منكم وجوه المسلمين حبورا
وبك البلاد بكل خيرٍ أينعت
عزاً بربك يستحق غرورا
أكتب الهي أن روحه سكنت
روض الجنان ولؤلؤٍ منثورا
كلمات شعري عن جهوده قصرت
عذراٍ فإني قد مررت مرورا

عـزف الجـمال

هي دارُنا وبها صدى مقطوعةٍ
عُزفت بها الحانُنا وصداها
أبيات شعرٍ سُطرت ببراعةٍ
مابين ساحات العلا وقراها
فترى الجبال كلوحةٍ مرسومةٍ
منحوتةٍ ....رب الأنام براها
تلقى السبيل الى العُلا في بيئةٍ
تحكي لنا كيف الجمال يُباها
أبناؤها يتميزون بفطرةٍ
حِسُ الجمال عذوبةٌ تتناها
وسقيت فيه من الفنون برشفةٍ
هيهات أن يغويك غير حلاها
فالشعر يجري في العروق بخفةٍ
متناغماً ....متنفساً لهواها

وأناملٌ رسمت لنا وبحرفةٍ
كيف الفنون تساق في مجراها
دعها تدوي في الملا وبصيحةٍ
أن لا عُلا في الكون غيرُ عُلاها

فـــاتنتي

القهوة دوماً فاتنتي
فالحب بها ولها يذكر
تنتعش خزينة ذاكرتي
وتهيم بحرفي للمعبر
مابين حروفٍ قد نسجت
ومعانٍ صافية المظهر
لتعيد العمر بلا عجبٍ
لصبا من وقتٍ لم يذكر
احلامٌ ماضيةٌ باتت
صفحاتُ من عبقٍ أدبر
أضحت من بعد العصفةِ
قصص تروى لغدٍ مزهر
ماكثنا ندري بالخبرِ
او نرسم خطواتٍ تعبر

لنسلط حرفاً بتاراً
بصدى كلماتٍ لاتقهر
ونَحِنُ جنوناً للسهر
وبحظ من وقتٍ أوفر

قـــدر

وعندما نبض الفؤاد تناغما

مع لحنه وغناءه طاب السهر

قد كان قلبي للحياة مغارماً

حتى افاق بلحظة كتبت قدر

وتلاقت الارواح سيلاً عارماً

وكل مافي دربه معها طمر

مقـــلتي

هموم تلاقت على مقلتي
فاسررت فيها لضوء القمر
فلما استفاق لها خاطري
وطاب الفؤاد وطاب السمر
فأبصرت نوراً على مهجتي
يحاكي ضياءً فنى وانطمر
فأحيا الصبا من على وجنتي
وفاح فؤادي لها وانهمر
وثقت برب الملا خالقي
ازال الهموم وضيق الممر
فطابت وغنى لها خافقي
بشائر خير لكل البشر
تزف التهاني الى اسرتي
بأن الوباء جلا واندثر

نفــس الصــباح

وو جدت في نفس الصباح تناغما
مع حلتي.. وخميلتي...وخماري

وما ذكرت الليل غنى.......عازفاً
حرفا تجسد في صدى افكاري

حتى تنحى في خماره ... هارباً
فنسجت بوحا للجمال يجاري

حُسن الصباح فكم تغنى ضارباً
لحناً يعانق في الفضا أوتاري

الفهرس